Blumenfrau

Maria Binder

Photographie Nadja Athanasiou
Text Esther Scheidegger Zbinden
Gestaltung Peter Zimmermann

Th. Gut Verlag

Die nachfolgenden Freunde und Institutionen sind stolz an diesem Werk und Deinem Leben teilhaben zu dürfen:

Franz Wassmer, Beat Curti, Ulrich W. Zollikofer, Margot Bodmer, Angela Thomas Schmid, Peter Stüber, Gustav von Schulthess, Ernst Feldmann, die Familien-Vontobel-Stiftung, die Hulda und Gustav Zumsteg-Stiftung und das Präsidialdepartement der Stadt Zürich, Kulturförderung.

Fotos: Nadja Athanasiou, Zürich
Text: Esther Scheidegger Zbinden, Zürich
Gestaltung: Peter Zimmermann, Zürich

Ein spezieller Dank geht auch an folgende Personen, die das Werk durch ihre Beratung unterstützt haben:
Barbara Sidler, Zürich
Nicolas Baerlocher, Zürich
Ernst Halter, Aristau-Althäusern

Editorische Betreuung: Peter Zehnder, Zürich
Gestaltung/Lithos/Satz: Peter Zimmermann, Zürich
Druck: Zürichsee Druckereien AG, Stäfa

© 2008 Th. Gut Verlag, Stäfa
Zweite unveränderte Auflage

ISBN 3-85717-170-7
ISBN 978-3-85717-170-3
www.gutverlag.ch

Maria Binder ist Blumen-Binderin, eine Künstlerin, die mit Blumen zaubert. Von Beruf und aus Berufung. Sie ist einzigartig, und ihr lauschiger Blumenladen im Oberdorf, eine Oase, weit über Zürich hinaus berühmt. Kein anderes Blumengeschäft ist derart personifiziert wie das ihrige, auch wenn es traditionsreichere, grössere und viele jüngere gibt. Maria Binder verkörpert Jahrzehnte urbaner Floristik. Sie ist eine kulturelle Institution, ein Zürcher Gesamtkunstwerk trotz ihres unverwüstlichen Berner Dialekts.
Maria Binder kennt Gott und die Welt, und umgekehrt. Für viele ihrer Bewunderer ist diese verhuschte, zierliche Person in der ewigen grünen Schürze so etwas wie eine Schutzpatronin, Maria von den Rosen, die Pflanzen und Blumen arrangiert und in etwas Neues, noch nicht Dagewesenes verwandelt. Nicht weil sie die Natur verbessern will, die schon vollkommen ist. Aber sie setzt sie mit ihrer Kreativität in ein neues Licht. Darüber hinaus war und ist sie für manche ihrer Stammkunden eine einfühlsame, mitfühlende Zuhörerin, der sie vertrauen und das Herz ausschütten. Die Blumen-Binderei ist auch ein Treibhaus der Gefühle.

Nie ohne meinen Papagei

Stadtbekannt ist Maria Binders Coco, ein Gelbstirniger Amazonas-Papagei, in der dritten Generation Schweizer, sagt sie mit dem leisen, nachsichtigen Lächeln, das so sanft aufscheinen kann. Coco kam vor über zwanzig Jahren in ihr grünes Hauswesen – einen Haushalt kann man es nicht nennen. Er ist ihr ständiger Begleiter, ihr Attribut wie Hummer Ronnie für die frühere Blockhus-Wirtin Anna Baumann, die Raben für den Einsiedler Meinrad oder der Adler für den Evangelisten Johannes. Coco frisst ihr zwar nicht aus der Hand, er pickt ihr die Reiskörner lieber aus den Mundwinkeln. Ohne Übertreibung: Maria Binder, ein Fräulein und das, was man gschpürig nennt, lebt Tag und Nacht nur für ihre Blumen und fast rund um die Uhr in ihrem Blumenladen. Sie redet mit den Rosen und dem Phlox, ist mit Ranunkeln und Napoleonsnelken und Tulpen auf Du und Du, kann Geschichten von streitlustigen Kakteen erzählen, von kichernden Veilchen und wispernden Kirschblütenzweigen. Oft wirkt sie wie irgendwo in den Wolken, wie von einem andern Stern. Sie ist fragil, aber zäh.

Es war einmal ein Mareili

Auf die Welt kam sie 1920 im Sternzeichen des Steinbocks. Die Mutter starb bei der Geburt, was man dem Kind, dem rothaarigen Mareili mit den Loubfläckli, lange verschwieg, aus was für Gründen auch immer, wohl um es zu schonen. Aufgewachsen ist es im Berner Dorf Riggisberg, wohl behütet bei seiner Gotte (Patin) und deren Familie, sie nahmen das Mareili in Obhut. Die Vertuschung der Verhältnisse flog wegen eines auf den "falschen Namen" ausgestellten Zeugnisses bürokratisch auf. Die Folgen waren aus heutiger Sicht eine Katastrophe: Mareili wurde drakonisch – mit Geigenbogenschlägen – bestraft, weil es, verstockt, den neuen Namen nicht wie eine Strafaufgabe vierzig Mal schreiben wollte.
Näher als Paris oder die Sächsilüüte-Stadt Zürich lag für die kleine Maria in Riggisberg das Nachbardorf Rümligen mit dem Schloss der feudalen Madame de Meuron mit ihrem fabelhaft blasierten "Sit dir öpper oder überchömet er Lohn?" Dem Meitschi imponierte die hochfahrende Dame, die es gelegentlich sogar in ihrem reservierten Eisenbahnwagen in die Schule mitfahren liess. Die vier Windhunde fürchtete es nicht, und die weissen Pfauen im Park hielt es für Märchenwesen. Die kostbare Feder über ihrem Kinderbett, diese Zauberfeder, hat Maria Binder lebenslänglich nie vergessen.

Zauberfedern

Wie war das doch gleich, damals, dreissig Jahre wird es her sein – da tauchte doch eines Tages ein geschätzter, stets generöser Stammkunde bei der Blumen-Frau seines Vertrauens auf. Er eröffnete zwischen Flieder und Myrten und Rosen, dass er demnächst heiraten wolle und bestellte wie gewohnt in grossem Stil die Dekoration für die Kirche oben am See und später fürs Hochzeitsessen im luxuriösen Schweizerhof: Buketts aus Straussen-, Pfauen- und Fasanenfedern für zigtausend Franken! Ein wunderbares Fest sei es gewesen. Sie gerät heute noch ins Schwärmen, der fabelhafte Bräutigam hatte sogar die Erlaubnis erstritten, für die Trauung statt Orgelmusik ein Pop-Orchester zu engagieren, und die Tausende von Federn wedelten im Rhythmus der Musik. Es gab jedoch fatalerweise kein Happy End. Nach der Hochzeitsnacht brachte sich der Ehemann um. Warum denn um Himmels willen? Am nächsten Morgen machte

auch sein Konkurs fulminante Schlagzeilen. Die Rechnung für die Federn, mit denen der Bankrotteur ein letztes Mal das Rad schlug, wurde übrigens nie bezahlt.
Doch zurück nach Riggisberg, in die zwanziger Jahre des vorigen Jahrhunderts: "Unser Garten war der schönste im ganzen Dorf", erinnert sich Maria Binder voll Längizyti. Für den Mittagsschlaf schob man das Kind in der Wiege ins Wiesenschaumkraut, das heute noch eine ihrer Lieblingsblumen ist. Beim Jäten, später, habe sie allerdings Zahnweh bekommen, weil sie die Erde unter den Fingernägeln so sehr störte. Maria Binder erinnert sich auch daran, wie die Gotte ihr Mareili jeweils mit einem Blumengruss bei den Nachbarn vorbeischickte. Es lernte früh, wie sehr Blumen Freude bereiten!
"Einmal schickte mich die Mutter im frühen Frühjahr in die Gärtnerei, um Setzlinge zu holen. Die Gärtnersfrau schenkte mir ein kleines Tagetes-Stöcklein, was mich überaus freute. Ich war so glücklich, dass ich auf dem Heimweg hüpfte. Kaum hatte die Mutter ihre Setzlinge eingepflanzt, kam ein fürchterliches Gewitter mit Sturm und Hagel. Ich sah die Mutter am Fenster stehen, sie weinte bitterlich. Da ging ich mein Zimmer und holte mein kleines, kostbares Pflänzchen und schenkte es ihr. Sie liess sich tatsächlich trösten – seither bekommt bei mir jedes Kind eine Blume geschenkt, im Andenken an jenes überirdische Glücksgefühl, das mich überwältigte, als ich eine Blume geschenkt bekam."

Das Vermächtnis

Mareili verschenkte Sträusschen nicht wahllos, aber öfters nach eigenem Gutdünken. Zum Beispiel steckte es Blumen ins schmiedeiserne Tor eines verwunschenen Schlösschens, hinter dem eine wunderschöne Frau im Rollstuhl, liebevoll umsorgt von ihrem Gatten, es beobachtete. "Irgendwann luden sie mich zu einer Visite in den Park ein. Nach ein paar Besuchen zum Tee, während denen der Gatte, der ein Dichter war, uns seine neuesten Werke vorlas, schenkte er mir ein Gedicht, das er nur für mich geschrieben hatte. 'Lass gut mich zu der Mutter sein', so der Titel. Ich war überglücklich über dieses Geschenk."
Maria sagt, dass dieses Gedicht sie nachhaltig wie nichts sonst geprägt hat, und sie kann es immer noch auswendig rezitieren, ohne Stocken:

Gleich vor dem Tor, im blumenreichen Garten,
da steht der Tante stilles kleines Haus.
Der Flieder blüht und reicht die dichten Zweige
weit über alte Mauern noch hinaus.

Ich bin zur Tante wieder eingeladen.
Wie gerne sind wir Kinder doch bei ihr.
Sie ist so gütig, wenn ihr ernstes Mahnen
auch manchen Leichtsinn scheucht von ihrer Tür.

Heut nahm ich mir ein Herz in stiller Stunde und frug:
Sag, Tante, hast du nie gelacht?
Du bist so gut, so herzensgut zu allen,
was hat dich nur so stille und so ernst gemacht?

Da legte sich ein Schatten auf ihr Antlitz,
es zuckte wehe um den lieben Mund.
Komm, sagt sie, Kind, ich will zu deinem Besten
dir's jetzt erzählen in der Dämmerstund.

Ich war ein Mädchen, jung und frisch und heiter
und lebte lachend in den Tag hinein.
Wie treulich sorgte Vater für die Seinen,
wie liebte mich mein treues Mütterlein.

Ach, hätt ich doch den einen schlimmen Fehler,
den bösen Trotz gehegt im jungen Herz.
Wie wäre mir und andern dann im Leben
erspart geblieben jener tiefe Schmerz.

Kurz vor den Ferien war's.
Ein ernstes Mahnen der treuen Mutter
hatte mich empört und ich dann gegen ihre sanfte Liebe
in wildem Trotze hässlich aufbegehrt.

Beug dich der Mutter, bitte um Verzeihung!
Sei dankbar ihr, die dir das Leben gab, hiess es in mir.
Doch harten Sinnes reiste ich von daheim,
mit kaltem Grusse ab.

O diese Ferien! Langsam nur und bange ging
ein Tag nach dem andern freudlos hin.
Mein Mütterlein, das sanfte, edle, feine,
lag Tag und Nacht mir heimwehkrank im Sinn.

Wann darf ich vor ihr hin am Stuhle knien
und um Verzeihung bitten?
Dass sie mir die Hand aufs Haupt dann legt, um lieb zu sagen:
O Kind, schon lange, lang verzeih ich dir.

Das war mein Wünschen, bis das Ferienende
Sonst ach so rasch jetzt endlich kam vorbei
und ich auf langer Reise froh mir malte
wie das Nachhausekommen köstlich sei.

Enttäuscht stand ich am heissersehnten Ziele.
Wo bleibt der Vater? Keins erwartet mich.
Ich eilte durch das stille Gässchen
zum Elternhaus, zur Mutter hin muss ich.

Im Haus tritt Vater mir im Flur entgegen.
Nach flüchtgem Gruss frag ich, wo Mutter sei.
Jetzt seh ich erst den Schmerz in seinen Zügen.
Er nimmt mich bei der Hand.

Dann gehn wir zwei ins grosse Zimmer,
dessen Tür er öffnet.
Ich dräng an ihm vorbei
zuerst hinein.

Ein wilder Schrei! Was sehen meine Augen?
Mein Mütterlein im Sarg, im schwarzen Schrein.
Oh wehe weh, die Lippen sind geschlossen,
von denen ich ein Wort nur noch verlangt.

Die Hände sind aufs kalte Herz gefaltet,
nach deren Segen ich so heiss gebannt.
Die Augen brauchen diese Lebenssterne
für immer, immer mir erloschen sind.

Der Mund bleibt stumm,
weh er spricht vor dem Richter,
das treue Herz brach mir
mein eigen Kind.

Ich warf mich über meine tote Mutter,
bekannte ihr des Herzens grosse Schuld.
Ich jammerte, als sei sie nicht gestorben,
hab doch ein wenig noch mit mir Geduld.

Bis endlich mich von meiner Mutter löste
mit milder Hand der Vater, ach,
da brach mein Trotz und all mein Kinderglück zusammen,
vor meiner Mutter, die im Sarge lag.

Aus offenem Fenster in den stillen Abend
sah Tante lang, zwei Tränen flossen sacht.
Sieh Kind, sprach weiter sie mit leiser Stimme,
seit jener Stund hab ich nicht mehr gelacht.

Dann legte sie die Hand auf meinen Scheitel,
Sah gütig mich mit ernsten Augen an.
Oh Mädchen, mahnte sie, mein Leben
Zeigt dir, dass man sich selber einsam machen kann.

Doch Jesus heilt auch brennend tiefe Wunden.
Ihm sank mit meiner Not ich an das Herz.
An seiner Liebe durfte ich gesunden.
Er führt an seiner Hand mich himmelwärts.

Dort wischt die Hand des Vaters alle Tränen
Auch die hier unaufhaltsam rinnen ab.
Ich weiss, mein Mütterlein auch hat vergeben,
ich schaue sie, wo Heimatrecht ich hab.

Still war es lange in dem dunklen Stübchen,
in das die hellen Sterne sahn hinein.
Herr Jesus, flehte ich in meinem Herzen:
Oh hilf mir, gut zu meiner Mutter sein.

Wie einst Rotkäppchen

Der alten Tante Lina brachte Mareili wie das Rotkäppchen regelmässig das Sonntagsessen, Braten und Härdöpfelstock. Eines Tages deponierte es das Körbchen aus Mitleid jedoch beim gewiss mausarmen Mauser. Der bekam doch, mutmasste das Kind, für jede gejagte Maus oder Ratte bestimmt nur einen Rappen und musste die getöteten Tiere wahrscheinlich auch noch aufessen... Gescholten wurde das Kind mit seinen sozialromantischen Phantasien und dem weichen Herzchen nur wegen der Notlügen, mit denen es sich herausreden wollte. Später, nach dem Tod des Mausers, wurde unter seiner Matratze ein gehortetes kleines Vermögen in Rappen-

und Zweirappenstücken gefunden. Wo einst seine Hütte stand, wurde später die Villa Abegg erbaut, mit dem Museum für die weltberühmte Textilkunst der Kunstsammler Werner und Margrit Abegg. Dort blühen Blumen auf Tapisserien!

Dialoge mit dem Herrgott

Mitleid hatte das Mareili in kalten Nächten auch mit dem nur mit einem Perlenkränzchen bekleideten Porzellanengelchen auf dem nahen Friedhof. Es hätte es gern mitten in der Nacht zum Aufwärmen in sein Bett geholt, es wurde nichts daraus. Fromm sei die Gotte gewesen, sagt Maria, aber nicht frömmlerisch. Sie habe es nicht nach Schema beten gelehrt, aber zum persönlichen Dialog mit "dem da oben" angehalten.

Er isch wiit, wiit obe und loset hüt vilicht niid, aber es anders Mal sicher. (Maria Binder)

Auf die eigene innere Stimme hören, sich selber treu bleiben und den unerschütterlichen Willen haben, alles so zu machen, wie Gott es will – das ist heute noch ihre Überzeugung. Die Stimme in dir drin, sagt sie, sagt dir tausend Mal am Tag, wo's duregaaht. Als sie mit 16 Jahren, wie es damals üblich war, ins Welschlandjahr nach Lutry und später zur Ausbildung als Kinderschwester geschickt wurde, gab man ihr einen Leitspruch auf den Weg:

Es ist unglaublich, wie viel Kraft die Seele dem Körper zu leihen vermag.

Gab es Männer im Leben der Maria Binder, gab es Lieben? Ja, eine unerfüllte grosse Liebe. Das junge Ding war der Burger-Familie des Geliebten nicht standesgemäss genug und die Verzweiflung gross.

Is Chopfchüssi ine gränne

Aber das Leben ging weiter, irgendwie. Die schmerzliche Enttäuschung brachte sie dazu, einen andern beruflichen Weg zu wählen: "Ich traf, krank vor Liebeskummer, auf eine Bäuerin in einem Margeritenfeld und bat sie, mir einen Strauss zu verkaufen. Beim Pflücken und Binden wurde die abgearbeitete Frau immer freundlicher. Immer grösser wünschte ich mir den Strauss – bitte noch mehr Blumen! Das Gesicht der Frau erstrahlte bei jedem 'noch mehr' heller und die Freude darüber blieb in meinem Gedächtnis, lebenslang. Wie ein Blitz traf es mich, ich entschloss mich, Gärtnerin zu werden."

Maria verpflichtete sich an die Gartenbauschule in Brienz. Schönes will sie schaffen, mit ihren eigenen Händen! Die Gartenbauschule, das waren vier Jahre Schufterei und jeden Sonntagabend Kartoffelsuppe. "Für die Beerdigung des damaligen Direktors der Brienzer Rothornbahn wurde ich mit zwei Rucksäcken vorn und hinten auf die Planalp geschickt, zum Enzian-Suchen. Die Gartenbauvorsteherin drückte mir frühmorgens um vier einen Plan in die Hand, auf dem der Weg markiert war. Auf der Alp kam ich jedoch plötzlich nicht plangemäss an eine Wegkreuzung. Sollte ich mich nach rechts oder nach links wenden? Eine Nebelwand drohte. Ich weinte und weinte und fiel auf die Knie. Ich suchte nach einem Taschentuch in meiner Tasche, fand keines, aber einen Räppler! Kopf oder Zahl? Ich warf ihn, und er orakelte: nach rechts. Ich tastete mich durch die Nebelwand und stand, o Wunder, plötzlich im schönsten, grössten Enzianfeld im Sonnenlicht! Nochmals fiel ich auf die Knie, um Gott zu danken. Dann pflückte ich und pflückte und pflückte, bis beide Rucksäcke voll waren – nur wer je in seinem Leben Enziane pflückte, weiss, wie hart diese Arbeit ist.

Als ich nach dem beschwerlichen Abstieg wieder zurück an die Kreuzung kam, stellte ich meine Enzian-Säcke auf den Boden und ging nachschauen, wohin mich der andere Weg geführt hätte. Bald führte ein gefährlicher, schmaler Pfad einer Felswand entlang – im Nebel, der sich inzwischen aufgelöst hatte, wäre ich unweigerlich in die Tiefe, in den sicheren Tod gestürzt.

Jenes Erlebnis mit dem Räppler hat in mir den heissen Wunsch geweckt, zum neuen Jahr jeweils jedem einen Glücksräppler zu schenken!"

Jeder Schüler musste einmal im Jahr einen Vortrag halten. Ihre frei gewählten Themen waren, unvergessen, Schweizer Generale (Dufour, Wille und Guisan), Schnecken und die Samenverbreitung in der Natur. Aber jener harten Schule, die später aufgegeben wurde, verdankt Maria Binder auch die Bekanntschaft mit dem berühmten Potsdamer Staudengärtner Karl Foerster (1874–1970), der ihr floristischer Übervater wurde, wegen seiner "überirdischen Beziehung zur Natur":

"Mit Blumen ist es wie mit Menschen.
Manche verregnen und verknittern,
andere strahlen ins Regenwetter
ja Regenstürme hinein."

"Wenn ich noch einmal auf die Welt komme, werde ich wieder Gärtner(in) – und das nächste Mal auch noch. Denn für ein einziges Leben wird dieser Beruf zu gross."

"Herr Foerster, was machen Sie gegen den Löwenzahn?" "Lernt den Löwenzahn lieben."

Oder auch, als hätte er es Maria Binder persönlich ins Poesie-Album geschrieben:

"Wer Träume verwirklichen will, muss wacher sein und tiefer träumen als andere." (Karl Foerster)

Maria Binder nimmt eine Stelle als Friedhofgärtnerin in Luzern an, im Friedenthal. Der Friedhof bedeutet wieder eine neue Lebensschule. Sie lernt einen respektvollen, aber gelassenen Umgang mit den Verstorbenen und mit den Hinterbliebenen. Tote dekorieren, die Gräber pflegen. Es gibt aber auch lebendigen Familienanschluss. Der Chef hat fünf aufgeweckte Kinder. Der Jüngste, sechsjährige, den sie frühmorgens mit der Veloglocke weckte, erschien noch im Pyjama zum Blumenschneiden. Dabei repetierte sie jeweils ihre Englischlektionen vom Vorabend. Vor dem Einschlafen erzählte sie den Kindern Märchen, an die sie sich noch heute erinnern.

Ein Herz für Autos

Jahr für Jahr nimmt sie sich drei Monate eine Auszeit, weil den Winter über weniger Arbeit anfällt. Und sie lernt Autofahren, mit 28 Jahren – es wird eine lebenslängliche Leidenschaft! Spricht sie von ihren Autos, gerät sie ins Schwärmen, ins Feuer, in Rage. Der Ton des Motors ist für sie Musik! Das Seelchen ein Autofreak, dem der Fahrlehrer einst predigte, am Steuer sei man stets mit einem Bein im Grab und mit dem andern im Gefängnis
u gisch Gas, und s Auto folget. Lasch echli lugg, es folget. Echli ufs Pedal, es folget. Wenn du Forza willsch, es folget. Wotsch uf di ander Siite, es folget. Es git nüüt, was dir so guet folget wie dis Auto, es isch s einzig Wäse, wo so isch.
Auf ihren Reisen nach Italien verfällt Maria Binder dem Genie Michelangelo Buonarroti (1475–1564). Auch er wird ein Übervater, vergöttertes Universalgenie, dieser grandiose Bildhauer, Grabmalbauer, Sixtina-Maler und leidenschaftlich entsagende Dichter.

So wie der Meister die strahlende, unerreichbare Vittoria Colonna vergötterte, sagt Maria, das erinnere sie an ihre eigene Geschichte, lange ist es her.

1953 arbeitet Maria Binder "versuchsweise", wie sie sagt, denn "eigentlich wollte ich nie an die Front!" – in Bern in einem Blumenladen. Und besteht flugs ihre erste Feuerprobe als Floristin, wünscht doch die Russische Botschaft zum Tod Stalins eine angemessene, würdige Dekoration und bekommt sie auch: Rot in Rot, feurige Rosen, Gladiolen, Nelken …

Ein Jahr später dann der Sprung nach Zürich, das sich damals noch nicht so weltläufig und mediterran gab wie heutzutage. Kein Katzensprung für die Frau vom Land, die sich noch erinnert, wie wenn es gestern gewesen wäre, dass sie als kleines Mädchen beim ersten Besuch "in der Stadt" – es war Bern – damals dachte: die Stadt riecht nach grosser, weiter, fremder Welt! Doch nun rief eine Kollegin an, die Luise: Hilfe, Maria, ich brauche deine Hilfe, du musst mich erlösen! Luise arbeitete nämlich im renommierten Blumengeschäft Küderli im Luxushotel Schweizerhof am Bahnhofplatz und suchte eine kompetente Nachfolgerin, um sich selber selbständig machen zu können. Wie auch schon, führte das Schicksal dramatisch Regie: Maria Binder war an jenem Tag eigentlich für zwei Vorstellungsgespräche aufgeboten. Das erste verpasste sie jedoch, weil auf die Brünigbahn eine Tanne herabstürzte. Für das zweite kam sie gerade rechtzeitig. Sie hatte sich herausgeputzt: Jacketkleid (Tailleur) – "jede Frau muss eines im Schrank haben", hat mir die Mutter beigebracht, "und einen Greta-Garbo-Hut".

Ihre persönliche Begegnung mit der Göttlichen, viele Jahre später, war allerdings desillusionierend, traumatisch. Metro Goldwyn Meyer orderte fünfundsiebzig rote Geburtstagsrosen nach Klosters, wo sich die Garbo damals regelmässig aufhielt, und natürlich wollte Maria sie persönlich überbringen. Sie fuhr um vier Uhr früh los, in Hochstimmung, überglücklich in der Erwartung der grossartigen, wunderbaren Königin Christine: "Gespannt, erwartungsvoll klopfte ich, den riesigen, langstieligen Rosenstrauss im Arm. Die Tür öffnete sich, Modergeruch schlug mir entgegen. Da stand sie – ein ausdrucksloses, wie totes Gesicht, diese hagere, versteinerte, dunkel gekleidete Frau, dieser fahle, freudlose Blick." Die Begegnung erschreckte mich derart, dass ich beinahe den Strauss fallen liess. Der wurde mir wortlos abgenommen, und die Tür schlug zu. Entsetzt, orien-

tierungs- und fassungslos fuhr ich zurück, unter Tränen, und in meiner Verwirrung landete ich zuerst in Genf statt in Zürich."
Später stattete die Garbo der Blumen-Binderei inkognito doch noch einen Besuch ab – hinter der Sonnenbrille hatte sie sich schon in der Kronenhalle versteckt.
Maria Binder arbeitete vis-à-vis vom Hauptbahnhof neun Jahre als Erste Floristin, 1961 gründete sie ihren eigenen Blumenladen. Ihre Schaufenster machten von Anfang an Furore, begnügte sie sich doch nie damit, Blumen einfach auszustellen. Sie inszeniert sie, scheut keinen Aufwand. Einmal hängt über Hunderten von überzähligen Tulpenzwiebeln ein echter Rembrandt – dass er echt war, wusste nur ein kleinster Kreis. Aber die Tulpenzwiebeln gingen weg wie Weggli.
Für die neue italienische Rose Ophelia legt sie ein Schneewittchen im Brautkleid in einen Glassarg aus dem Opernhaus-Fundus. Brauchte sie einen königlichen Hermelin, liess sich auch selbst das Modehaus Wigert nicht lumpen. Am Karfreitag stellte sie ein Kreuz und einen Christuskopf ins Schaufenster, unter eine raumfüllende Trauerweide, am Boden drapiert das weisse Gewand des Erlösers und die biblischen dreissig Silberlinge. Als Kennedy ermordet wurde, räumte sie den Laden leer, baute einen Katafalk auf, beflaggt, und dekorierte ihn mit einem Kreuz aus Rosen in den Farben Amerikas.
Maria Binder inszeniert die Pflanzenwelt wie eine Bühnenbildnerin, sieht sich selber allerdings eher als Komponistin, die mit Blumen komponiert. Dem Schöpfungsakt der Dekoration geht, sagt sie, eine Vision voraus. Es fällt ihr ein Bild zu wie ein Gemälde oder wie eine Vorlage für eine Gobelin-Stickerei, konkret bis auf das letzte Maiglöckchen, die letzte Orchidee. Egal, ob in einem Zirkuszelt, in einem Zunfthaus oder in einer orthodoxen Kirche. Für floristisch eigensinnige Mitarbeiterinnen und Mitarbeiter kann es mitunter schwierig sein, solche Visionen nachzuvollziehen, es ist nicht leicht, es der absolutistischen Chefin recht zu machen, wenn sie "es im Kopf hat". Sie kann resolut sein, wenn es sein muss.
Unvergessen die Filmpremieren im Kinopalast Rex an der Bahnhofstrasse – das waren gesellschaftliche Highlights. Für die Promotion von Anastasia – Ingrid Bergman bekam als "letzte Zarentochter" den Oscar, Regie führte Anatole Litvak – gab auch Altmeister Alfred Hitchcock Zürich die Ehre und erschien anderntags persön-

lich im Blumengeschäft, um sich bei Maria Binder für ihre grossartige, magisch-mysteriöse Dekoration zu bedanken. Sie hatte unter dem fest installierten, funkelnden Baldachin des Kinosaals mit Efeu, wabernden Nebelschwaden aus künstlichem Eis und kryptisch kyrillischen Blumen-Menetekeln eine einzigartige Atmosphäre geschaffen, die das Publikum verzauberte.
1970 wird das Shopville eröffnet, die damals supermoderne unterirdische Ladenpassage unter dem Hauptbahnhof. Für die "Oberirdischen" war das allerdings fatal, die Umsätze fielen in den Keller. Das war das Aus für Blumen Binder am Bahnhofplatz.

Eine historische Adressänderung

Das neue Geschäft an der Oberdorfstrasse 10, das man sich längst nicht mehr wegdenken könnte noch wollte, war zuerst eher eine Notlösung statt ein Glücksfall. Doch hier, in einer kurzzeitigen "Wohnhöhle" ehemaliger jugendbewegter Bunkerleute, hat sie sich ein neues Königinnenreich geschaffen. Ihr bei Bedarf davor parkierter, heiss geliebter graublauer Lancia Flavia Coupé – ZH109111 – brachte Glamour in die Gasse. "Ich kaufte den Lancia 1964. Und ich wusste, mit ihm will ich alt werden, ich behalte ihn bis an mein Lebensende!" Das heiss geliebte Automobil hat heute noch eine Garage.
Blumen Binder liegt in der historischen Gasse, der Oberdorfstrasse, ziemlich genau zwischen zwei Wahrzeichen, die zürcherisch kaum sein können: das Grossmünster auf der einen und die Kronenhalle auf der andern Seite. Patronne Hulda Zumsteg, die prominenteste Schweizer Wirtin überhaupt, liess damals nicht lange auf sich warten, wie auch Max Bill, Max Frisch und viele mehr. Maria Binders üppige Gebinde in den silbernen Kelchen, die an holländische Stillleben erinnern, sind bis heute ein dominierender Blickfang in der legendären Kronenhalle und können es mit der Kunst an den Wänden – Chagall, Miró, Varlin – durchaus aufnehmen. Von "Mutter Zumsteg" liess sich ihre gesellschaftlich ausgesprochen reservierte Hof-Floristin gelegentlich sogar zu einem intimen Sonntagsfrühstück bewegen. Auch der Sohn Gustav Zumsteg gehörte bald zu den Stammkunden. Der Seidenhändler und Kunstsammler hat seine geliebte Mutter lebenslänglich mit "Zentnern von Blumen" beschenkt. Als sie 1984 starb, mit 94 Jahren, erinnerte er sich Jah-

re später, hätte man mit den Kondolenzblumen das Bellevue bedecken können wie mit einem kostbaren Teppich.

Ein Leben im Laden

Die meiste Zeit verbringt Maria in ihrem Laden in der Oberdorfstrasse, von früh bis spät, er ist ihr Lebensraum. Sie und ihr unersetzliches Team arbeiten unter einem wie für die Ewigkeit inszenierten hölzernen Himmel aus Weininger Nielen (Clematis). Ein saisonal grünender Dschungel, ein Paradies mit Blumen in allen Farben des Malkastens. Edelweiss und Vergissmeinnicht, Maiglöckchen, Papageien (Asclepias), Blaudisteln, Hagebutten und immer die ersten Mimosen in der Stadt. Falls die Temperaturen nicht gerade unter Null liegen, dehnt Maria Binder den romantischen Grünbereich ihres Blumenladens auch über die Gasse bis zur Wüste-Bar aus.
Omnipräsent ist im Blumenladen ihr Vater, der Bildhauer Carl Binder mit Skulpturen, die verraten, wie sehr er mit Rodin vertraut war. Auch die Grab-Stele des Papas (1881–1964) gehört zum Inventar, hinter Kübeln voller Rosen und Feuerlilien, Sonnenblumen, Silberdisteln, Amaryllen, Sandersonia aurantiaca. In den Schaufenstern ein lichtes Wäldchen wie für Tschechows Schwestern. Das Fegefeuer der Verliebten am Valentinstag mit Rosenherzen wie Sofakissen. Chrysanthemen-Kugeln wie Sonnenbälle. Und schon bald wieder riesige Adventskränze.
An der Wand breitet die Madonna von Piero della Francesca ihren Schutzmantel aus, und da hängt auch ein "historischer" Lorbeerkranz.

Blumige Lyrik

Maria Binder ist eine geniale Kreative, aber keine knallhart kalkulierende Geschäftsfrau, eine leidenschaftliche Leserin und eine unermüdliche Kulturvermittlerin. Sie kopiert am laufenden Band blumige Lyrik und blumige Geschichten. Ihr Repertoire ist so unerschöpflich wie ihr Enthusiasmus für Literatur, für Philosophie. Als Kind las sie sogar beim Sockenflicken, und nachts mit einer Taschenlampe unter der Bettdecke. Ausgewählten Kundinnen und Kunden schenkt sie Peter Bichsels rührende Geschichte vom Zeitungsverkäufer, der endlich einmal Kaviar kosten möchte, es aber nicht schafft, das Gläschen zu öffnen. Oder Henry Millers "Lächeln am

Fusse der Leiter". Oder sie überrascht mit einem Traktat eines bulgarischen spirituellen Gurus. "Das tägliche Leben ist wie ein Strom, der euch davonträgt, ohne dass ihr immer die Zeit oder die Möglichkeit habt nachzudenken, um zu sehen, wohin er euch führt. In Wirklichkeit kann jede Beschäftigung vorteilhaft sein, aber nur unter der Bedingung, dass man fest mit einem hohen Ideal, mit einer göttlichen Philosophie verbunden ist. Solange ihr diese Verbindung aufrechterhaltet, kann euch jede eurer Aktivitäten etwas Gutes bringen." (Omraam Mikhaël Aïvanhov, 1900–1986)
Als, viel zu jung, der Kickboxer Andy Hug starb, bedeckte Maria Binder den Zwingliplatz vor dem Grossmünster symbolträchtig mit knöcheltief frischem grünem Laub, rote Rosen symbolisierten die roten, Schleierkraut die weissen Blutkörperchen. Blühen in Zürich die Linden, kombiniert Maria Binder die duftenden Zweige mit Rosen – voilà. Kundschaft, die lesen mag, bekommt als Zugabe die Mär von der Murtener Linde, die 1476 in Freiburg vor dem Rathaus gepflanzt wurde, weil dort der Bote, der den Sieg über Karl den Kühnen mit einem Lindenzweig vom Schlachtfeld als Siegeszeichen verkündete, tot zusammenbrach. Im Herbst verteilt sie Gebrauchsanweisungen zu Osagedorn, den kurligen indianischen Früchten, die auch Maclura pomifera heissen und in Körben oder auf Gesimsen sehr dekorativ wirken. Den Winter verkünden Christrosen und Jericho-Rosen, kombiniert mit Eduard Mörike (1804–1875):

Auf eine Christrose

Tochter des Waldes, du Lilienverwandte,
so lang von mir gesucht, unbekannte!
Im fremden Kirchhof, öd und winterlich,
zum erstenmal, o schöne, find ich dich.

Von welcher Hand gepflegt du hier erblühest,
ich weiss es nicht, noch wessen Grab du hütest;
Ist es ein Jüngling, so geschah ihm Heil,
ist's eine Jungfrau, lieblich fiel ihr Teil.

Schön bist du, Kind des Mondes, nicht der Sonne,
Dir wäre tödlich andrer Blumen Wonne.
Dich nährt, den keuschen Leib voll Reif und Duft,
Himmlischer Kälte balsamsüsse Luft.

In deines Busens goldner Fülle gründet
Ein Wohlgeruch, der sich nur kaum verkündet;
So duftete, berührt von Engelshand,
Der benedeiten Mutter Brautgewand.

Dich würden, mahnend an das heilge Leiden
Fünf Purpurtropfen schön und einzig kleiden:
Doch kindlich zierst du, um die Weihnachtszeit,
Lichtgrün mit einem Hauch dein weisses Kleid.

Der Elfe, der in mitternächtger Stunde
Zum Tanze geht im lichterhellten Grunde,
vor deiner mystischen Glorie steht er scheu
neugierig still von fern und huscht vorbei.

Das Oberdorf liebt seine Pappenheimerinnen und Pappenheimer. Die nonkonformistische Maria Binder gehört dazu. Nicht erst seit sie, in die Jahre gekommen, auch ihren Wohnsitz diskret ins Quartier verlegt hat.
Blühen und Welken. Zum Altwerden, sagt Maria Binder gelassen, hat man Zeit – von der Geburt bis zum Tod. Als junge, überschwängliche Frau allerdings, himmelhochjauchzend, zu Tode betrübt, als sie mehr als einmal Schluss machen wollte mit der Welt, schien ihr Altwerden das Allerschwerste, das Unerträglichste überhaupt. Ist es nicht ein Trost für die heutigen Jungen, fragt sie, wenn sie angesichts der vielen alten Leute rundum wissen, dass sie selber auch die Hoffnung haben können, alt zu werden?

        Vollkommene Meisterschaft
        Hat nur, wer an das Ende
        Von Kunst und Leben kam.

           (Michelangelo)

Nicht für Coco

Grapefruit, Zitrone,
Pflaumen, Rhabarber,
jegliches Dörrobst
Avocados
heisse Speisen, Süssig-
keiten, Salz, Gewürzes
keine kalte Nahrung,
die direkt aus dem
Kühlschrank kommt

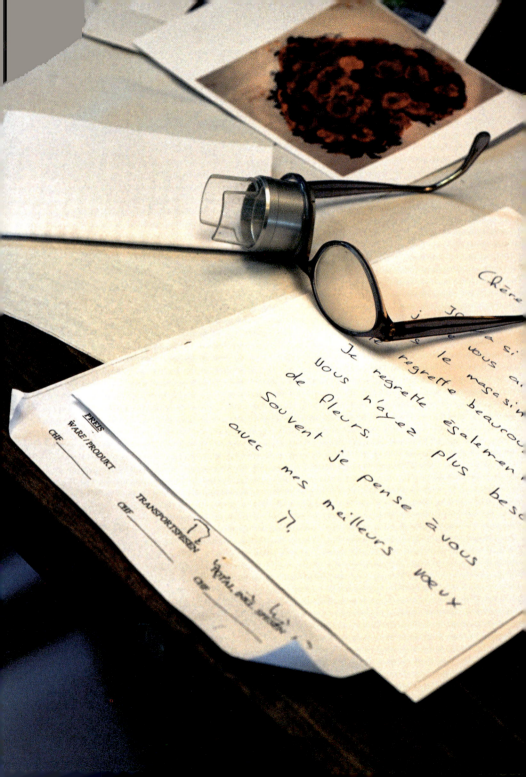

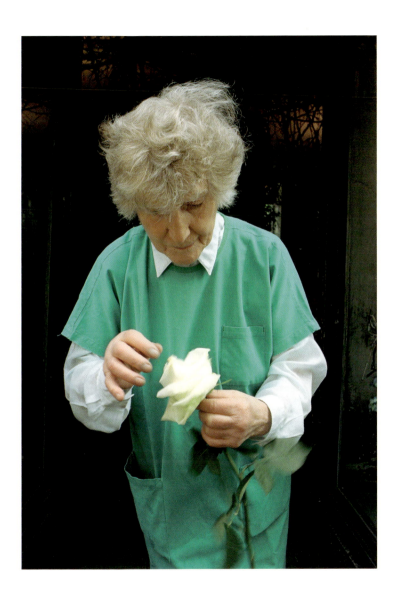

Ein Glücksgefühl

Immer umfasst mich ein Glücksgefühl, wenn ich zu Maria Binder ins Geschäft eintrete. Es ist ein Glücksgefühl, weil man sofort ergriffen wird vom Blumenzauber, den Maria hier immer wieder von neuem zusammenkomponiert. Aber auch ein Glücksgefühl, Freunden oder sich selber eine Freude zu bereiten, indem man auserwählte Blumen für auserwählte Leute zusammenführen wird. Ein Glücksgefühl aber auch, wenn man Maria selber oder ihre begabten Mitarbeiterinnen und Mitarbeiter beim Zusammenstellen eines jedes Mal wieder besonderen Blumenbouquets für einen Anlass beobachtet. Nirgends wird einem die Nähe von Freud und Leid so bewusst wie in Marias Blumengeschäft. Und Maria ist immer betroffen, sie ist immer dabei mit Blumen.

Die glück- und trostspendende Maria Binder verdient es, mit Wort und Bild, wie es hier geschehen ist, für immer festgehalten zu werden.

Franz Wassmer

Marias Welten

Wie Maria mit uns spricht, kommuniziert sie mit Blumen, Tieren, Seelen und Engeln. Sie macht auch Besuche in Träumen. Maria ist verknüpft und vernetzt.

So besucht mich Maria im Traum und informiert, sie gehe ins Spital. Ich begleite sie und sehe sie in der grünen Schürze lächelnd auf dem Spitalbett liegen. Um Kraft zu schöpfen atmen wir gemeinsam konzentriert und achtsam langsam ein und aus und verbinden uns mit allen Lebewesen.

Am Morgen erzähle ich den Traum meiner Ehefrau Regula.

Zwei Tage später besuche ich Maria in ihrem Blumenreich an der Oberdorfstrasse und frage wie es geht. Sie erzählt, dass sie ins Spital musste. Der Tod habe zum Türspalt hereingeschaut und Gott sei Dank die Tür wieder geschlossen. Sie findet es ganz normal, dass ich sie im Traum im Spital besuche und lächelt leise.

Beat Curti

Für Maria Binder

Wenn ich aus dem Fenster meiner Wohnung schaue, erblicke ich am Ende der kurzen Gasse das Blumengeschäft von Maria Binder. Ein gewisser Effort freilich ist nötig: Ich muss mich ein wenig hinauslehnen und den Kopf nach links drehen. Doch eine kleine Anstrengung verlangt Maria von uns allen, die wir ihren Laden betreten. Wir müssen unter ihrem liebevollen und kundigen Blick uns in die Schönheit und in die Rätsel ihrer Blumen vertiefen, bevor sie sie für uns einpackt. Es sollen auch unsere Blumen sein. Das spüren wir jedes Mal, wenn wir jemandem, dem wir eine Freude machen möchten, einen Strauss von Maria Binder überbringen.

Nicolas Baerlocher

Es ist das Gesamtwerk

Jeder Zürcher und Zürcherin, die schon einmal in den Genuss eines von Maria gezauberten Strausses kamen, werden mir beipflichten, es sind nicht die Blumen, die anders sind, es ist das Gesamtwerk. Und zum Gesamtwerk von Maria gehören ihre Philosophien, ihre Sprüche, wenn auch ab und zu von ihrem Coco unterbrochen durch ein Krächzen.
Maria versteht es, Blumen und ihre Kunden so persönlich zu beglücken, dass mir dazu fast Worte fehlen. Aber warum versuchen Sie es nicht selbst an der Oberdorfstrasse 10, die Philosophien und deren Früchte direkt zu erfahren? Wie auch immer, ich wünsche der lieben Maria alles erdenklich Gute und ihren vielen Kunden eine grosse Freude an ihren Werken.

Uli Zollikofer